Impressum

Verlag: BABADADA GmbH, Nedderfeld 112 , 22529 Hamburg

Geschäftsführer / Verlagsleitung: Harald Hof

Druck: Books on Demand GmbH, In de Tarpen 42, 22848 Norderstedt

Imprint

Publisher: BABADADA GmbH, Nedderfeld 112 , 22529 Hamburg, Germany

Managing Director / Publishing direction: Harald Hof

Print: Books on Demand GmbH, In de Tarpen 42, 22848 Norderstedt, Germany

школа

ትምህርት ቤት

учиона
መማሪያ ክፍል
делити
ማካፈል
186/2
плоча
ሰሌዳ
школско двориште
የትምህርት ቤት ቅጥር ግቢ
наставник
መምህር
папир
ወረቀት
писати
መፃፍ
хемијска оловка
እስክሪብቶ
писаћи стол
መፃፊያ ጠረጴዛ
лењир
ማስመሪያ
књига
መጽሐፍ
ученик
ተማሪ

торба

የጀርባ ቦርሳ

перница

የእርሳስ መያዣ

графитна оловка

እርሳስ

шиљило за оловке

የእርሳስ መቅረጫ

гумица за брисање

ላጲስ

блок за цртање

የስዕል ደብተር

2 школа - ትምህርት ቤት

цртеж

ስዕል

кист

የቀለም ብሩሽ

кутија са бојама

የቀለም ሳጥን

маказе

መቀስ

лепило

ማጣበቂያ

бележница

መልመጃ ደብተር

домаћи задатак

የቤት ስራ

број

ቁጥር

сабирати

መደመር

одузимати

መቀነስ

множити

ማባዛት

рачунати

ቁጥሮችን ማስላት

слово

ደብዳቤ

абецеда

ፊደላት

реч

ቃል

текст

ፅሑፍ

читати

ማንበብ

креда

ጠመኔ

час

ትምህርት

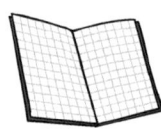

дневник

ምዝገባ

испит

ፈተና

сведочанство

ሰርተፊኬት

школска униформа

የትምህርት ቤት የደንብ ልብስ

образовање

ትምህርት

лексикон

አዉደ ጥበብ

универзитет

ዩኒቨርስቲ

микроскоп

የምርምር አጉሊ መሳርያ

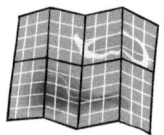

карта

ካርታ

кошара за папир

የቆሻሻ ወረቀት መጣያ ቅርጫት

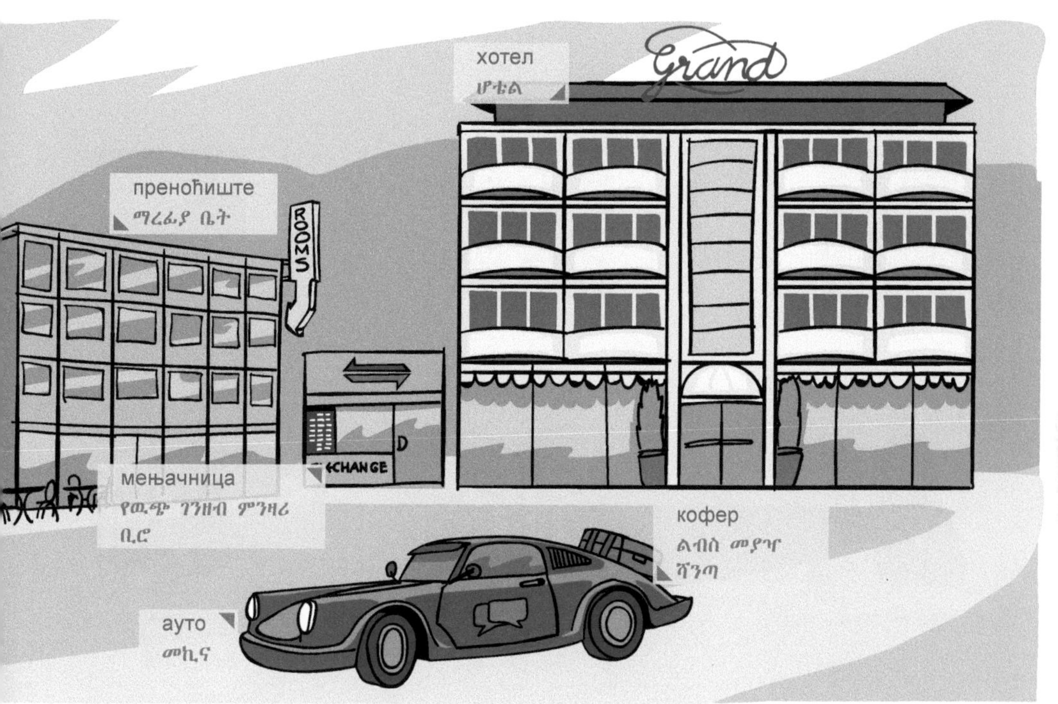

хотел
ሆቴል

Grand

преноћиште
ማረፊያ ቤት

ROOMS

мењачница
የውጭ ገንዘብ ምንዛሪ
ቢሮ

EXCHANGE

кофер
ልብስ መያዣ
ሻንጣ

ауто
መኪና

језик

ቋንቋ

да / не

አዎ/ አይደለም

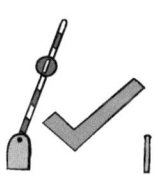

океј

እሺ

здраво

ሰላም

преводилац

አስተርጓሚ

хвала

አመሰግናለሁ

Колико кошта…?

ስንት ነዉ.......?

не разумем

አልገባኝም

проблем

እክል

добро вече!

እንደምን አመሹ!

Добро јутро!

እንደምን አደሩ!

Лаку ноћ!

መልካም ምሽት!

довиђења

ደህና ይሰንብቱ

смер

አቅጣጫ

пртљага

ሻንጣ

торба

ቦርሳ

руксак

የጀርባ ቦርሳ

гост

እንግዳ

соба

ክፍል

врећа за спавање

የመተኛ ቦርሳ

шатор

ድንኳን

уристичке информације

የጎብኚዎች መረጃ

плажа

የባህር ዳርቻ

кредитна картица

ክሬዲት ካርድ

доручак

ቁርስ

ручак

ምሳ

вечера

እራት

карта за вожњу

ቲኬት

лифт

አሳንሰር

поштанска маркица

ማህተም

граница

ድንበር

царина

ባህሎች

амбасада

ኤምባሲ

виза

ቪዛ/የይለፍ ወረቀት

пасош

ፓስፖርት

транспорт

መጓጓዣ

авион
አዉሮፕላን
брод
መርከብ
ватрогасно возило
የእሳት አደጋ መኪና
аутобус
теретно возило
የጭነት መኪና
моторни чамац
የሞተር ጀልባ
ауто
መኪና
бицикл
ብስክሌት

трајект

የማመላለሻ ጀልባ

чамац

ጀልባ

мотоцикл

የሞተር ብስክሌት

полицијски ауто

የፖሊስ መኪና

тркаћи ауто

የዉድድር መኪና

изнајмљено ауто

የኪራይ መኪና

делење аутомобила

የመኪና መጋራት

вучно возило

ጎታች መኪና

возило за одвоз смећа

የቆሻሻ ጭነት መኪና

мотор

ሞተር

бензин

ነዳጅ

бензинска станица

የቤንዚን ማደያ

саобраћајни знак

የመንገድ ምልክት

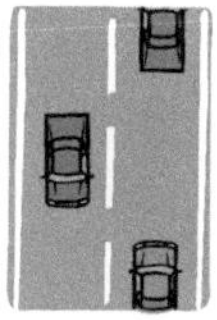

саобраћај

የመኪኖች እንቅስቃሴ

застој

የመኪና መጨናነቅ

паркиралиште

የመኪና ማቆሚያ

железничка станица

የባቡር ጣቢያ

шине

የባቡር ሀዲዶች

воз

ባቡር

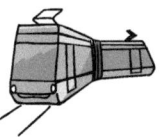

трамвај

የኤሌክትሪክ ባቡር

вагон

ሰረገላ

хеликоптер

ሄሊኮፕተር

аеродром

አየር ማረፊያ

кула

ማማ

путник

መንገደኛ

контејнер

ማስቀመጫ፤ ማጠራቀሚያ

картон

ካርቶን እቃ ማሸጊያ

колица

ጋሪ፤ ተሳቢ

корпа

ቅርጫት

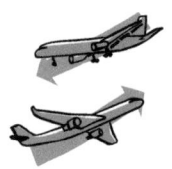

узлетети / слетети

መነሳት/ ማረፍ

град

ከተማ

село

መንደር

центар града

የከተማ ማዕከል

кућа

ቤት

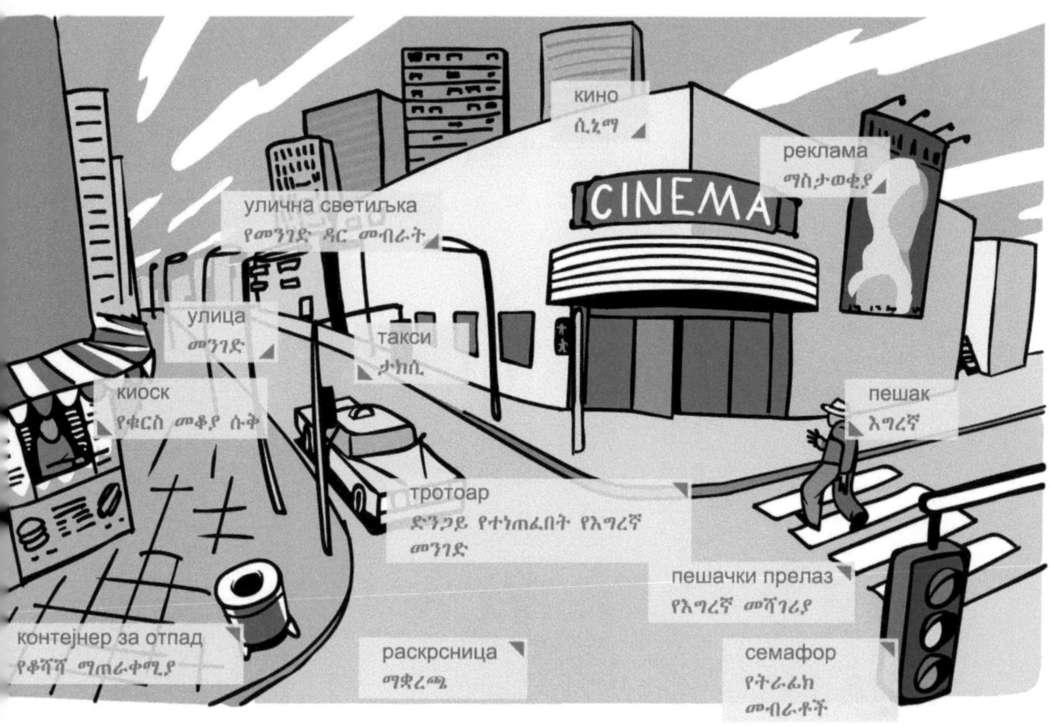

кино
ሲኒማ

реклама
ማስታወቂያ

улична светиљка
የመንገድ ዳር መብራት

улица
መንገድ

такси
ታክሲ

киоск
የቁርስ መቆያ ሱቅ

CINEMA

пешак
እግረኛ

тротоар
ድንጋይ የተነጠፈበት የእግረኛ
መንገድ

пешачки прелаз
የእግረኛ መሻገሪያ

контејнер за отпад
የቆሻሻ ማጠራቀሚያ

раскрсница
ማቋረጫ

семафор
የትራፊክ
መብራቶች

колиба

ጎጆ

стан

አፓርታማ

железничка станица

የባቡር ጣቢያ

већница

የከተማ አዳራሽ

музеј

ቤተ መዘክር

школа

ትምህርት ቤት

универзитет

ዩኒቨርስቲ

банка

ባንክ

болница

ሆስፒታል

хотел

ሆቴል

апотека

መድሐኒት ቤት

канцеларија

ቢሮ

књижара

መፅሐፍ መሸጫ

продавница

ሱቅ

цвећара

የአበባ መሸጫ

супермаркет

የሸቀጣ ሸቀጥ መደብር

трг

ገበያ ስፍራ

робна кућа

መደብር

рибарница

የዓሳ ነጋዴ

трговачки центар

የገበያ ማዕከል

лука

ወደብ

парк

መናፈሻ ቦታ

клупа

አግዳሚ ወንበር

мост

ድልድይ

степенице

ደረጃዎች

подземна железница

ዉስጥ ለዉስጥ

тунел

ዋሻ

аутобуска станица

የአዉቶቡስ ፌርማታ

бар

ባር

ресторан

ምግብ ቤት

поштанско сандуче

የፖስታ ሳጥን

улични знак

የመንገድ ምልክት

паркирни аутомат

የመኪና ማቆሚያ ሒሳብ የሚያሰላ ማሽን

зоолошки врт

የደር እንስሳት ማቆያ

базен

የመዋኛ ገንዳ

џамија

መስጊድ

сеоско газдинство

እርሻ

загађење околине

የሚበክል ነገር

гробље

መቃብር ስፍራ

црква

ቤተ ክርስቲያን

игралиште

መጫወቻ ሜዳ

храм

ቤተ መቅደስ

пејсаж

መልከዓምድር

лист
ቅጠል
путоказ
የመንገድ ላይ ምልክት
пут
መንገድ
ливада
አረንጓዴ መስክ
камен
ድንጋይ
шетач
በእግሩ የሚጓዝ
дрво
ዛፍ
река
ወንዝ
трава
ሳር
цвет
አበባ

долина

ሸለቆ

планина

ኮረብታ

језеро

ሀይቅ

шума

ጫካ

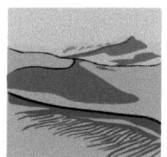

пустиња

በረሃ

вулкан

እሳተ ገሞራ

дворац

ግምብ

дуга

ቀስተ ዳመና

гљива

እንጉዳይ

палма

የቴምብር ዛፍ/ ዘንባባ

москито

ቢንቢ/ የወባ ትንኝ

мува

በራሪ

мрав

ጉንዳን

пчела

ንብ

паук

ሸረሪት

буба

ጢንዚዛ

жаба

እንቁራሪት

веверица

ሽኮኮ

јеж

ጃርት

зец

ጥንቸል

сова

ጉጉት ወፍ

птица

ወፍ

лабуд

የዉሃ ዳክዬ

дивља свиња

ከርከሮ

јелен

አጋዘን

лос

አጋዘን

насип

ግድብ

ветрењача

በነፋስ የሚሽከረከር

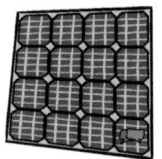

соларна плоча

የፀሀይ ፓኔሎ

клима

አየር ንብረት

ресторан

ምግብ ቤት

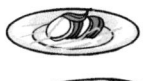

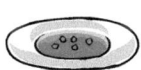

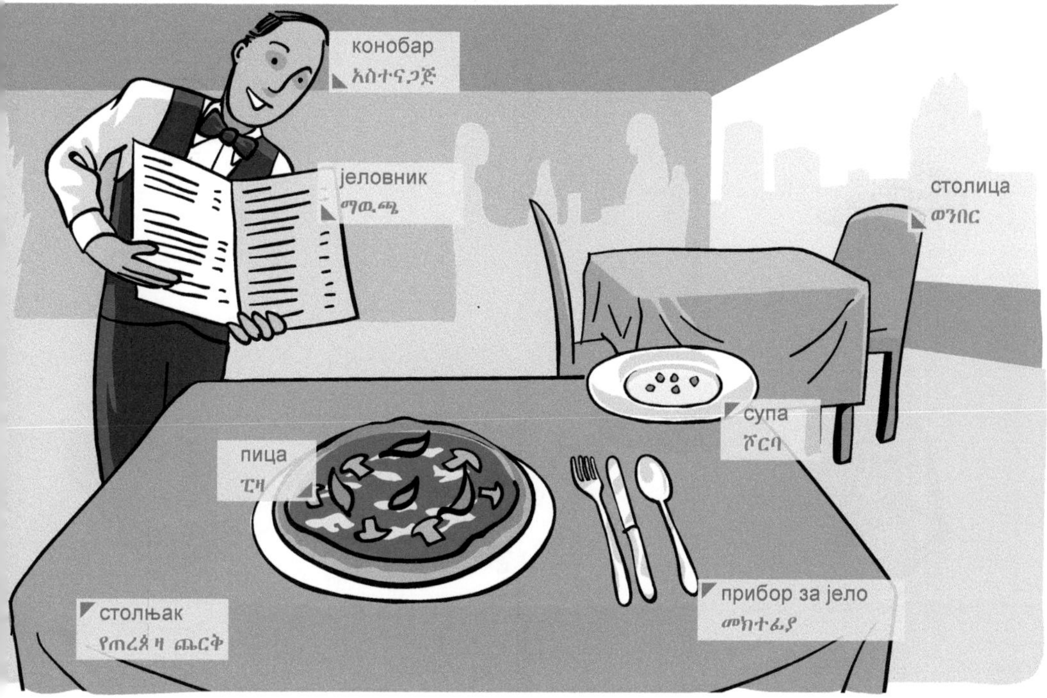
конобар
አስተናጋጅ
јеловник
ማዉጫ
столица
ወንበር
супа
ሾርባ
пица
ፒዛ
столњак
የጠረጴዛ ጨርቅ
прибор за јело
መክተፊያ

предјело

ምግብ ፍላጎትን የሚከፍት ምግብ

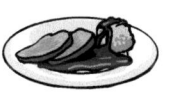

главно јело

ዋና ምግብ

десерт

ማጣጣሚያ ተከታይ ምግብ

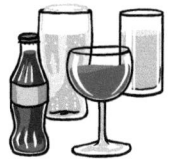

напитци

መጠጦች

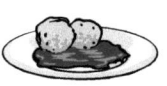

јело

ምግብ

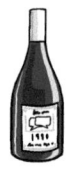

флаша

ጠርሙስ

брза храна

ፈጣን ምግብ

имбис храна

የመንገድ ምግብ

чајник

የሻይ ማንቆርቆሪያ

доза за шећер

የስኳር እቃ

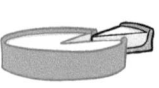

порција

ድርሻ

апарат за еспресо

የቡና ማፊያ ማሽን

висока столица

ባለጌ ወንበር

рачун

የክፍያ ደረሰኝ

послужавник

ትሪ

нож

ቢላዋ

виљушка

ሹካ

кашика

ማንኪያ

чајна кашика

የሻይ ማንኪያ

салвета

ልብስ ምግብ እንዳይነካ የሚረዳ ጨርቅ

чаша

ብርጭቆ

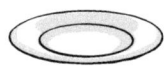

тањир

ዝርግ ሰሀን

тањир за супу

የሾርባ ጎድጓዳ ሰሀን

тањирић

የስኒ ማስቀመጫ

сос

ማጣፈጫ ስጎ

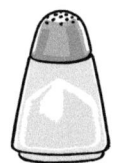

сољенка

የጨዉ እቃ

млин за бибер

የተፈጨ ቃሪያ

сирће

ኮምጣጤ

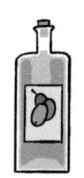

уље

የምግብ ዘይት

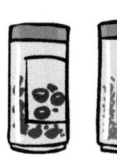

зачини

ቀመማ ቅመሞች

кечап

የቲማቲም ድልህ

сенф

ሰናፍጭ

мајонеза

ማዮኒዝ

супермаркет

የሸቀጣ ሸቀጥ መደብር

понуда
ልዩ አቅራቦት
купац
ደምበኛ
млечни производи
የወተት ተዋፅዖ
ፍራፍሬ
колица за куповину
ባለ ጎማ የእጅ ጋሪ

месница

ሉካንዳ ነጋዴ

пекара

መጋገርያ

вагати

ክብደት መመዘን

поврће

ቅጠላ ቅጠል አትክልት

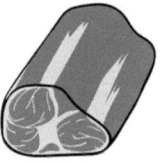

месо

ስጋ

смрзнута храна

የቀዘቀዘ/የረጋ ምግብ

нарезак

ቀዝቃዛ ቁራጭ

конзерве

የታሸገ ምግብ

средство за прање

የማጠቢያ ዱቄት

слаткиши

ጣፋጮች

артикли за домаћинство

የቤት ዉስጥ ዉጤቶች

средства за чишћење

የፅዳት ምርቶች

продавачица

የሽያጭ ባለሙያ

благајна

የገንዘብ መመዝቢያ ማሽን

благајник

የሒሳብ ሰራተኛ

листа за куповину

የግዢ ዝርዝር

време рада

ክፍት ሰዓታት

новчаник

የኪስ ቦርሳ

кредитна картица

ክሬዲት ካርድ

торба

ቦርሳ

пластична кеса

የፕላስቲክ ቦርሳ

напитци

መጠጦች

вода

ውሃ

сок

ጭማቂ

млеко

ወተት

кола

ኮካ-ኮላ

вино

ወይን

пиво

ቢራ

алкохол

አልኮል

какао

ኮካ

чај

ሻይ

кава

ቡና

еспресо

የተፈላ ቡና

капуќино

ካፕቺኖ

банана

ሙዝ

јабука

ፖም

наранџа

ብርቱካን

лубеница

ሀብሀብ

лимун

ሎሚ

шаргарепа

ካሮት

бели лук

ነጭ ሽንኩርት

бамбус

ሸምበቆ

лук

ቀይ ሽንኩርት

гљива

እንጉዳይ

орашасти плодови

ለዉዝ

резанци

የህፃናት ምግብ

шпагете

ፓስታ

рижа

ሩዝ

салата

ሰላጣ

помфрит

የድንች ጥብስ

печени крумпир

ድንች ጥብስ

пица

ፒዛ

хамбургер

ዳቦ ዉስጥ በስሱ ተጠብሶ የገባ ስጋ

сендвич

ሳንድዊች

шницла

ጥሬ ስጋ

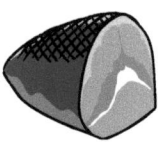

шунка

የአሳማ ስጋ

салама

በቅመምና በጨዉ የታሸ ምግብ ቀዝቅዞ የሚበላ ሾርባ ምግብ

кобасица

ቋሊማ

кокош

ዶሮ

печење

ጥብስ

риба

አሳ

зобене пахуљице

የአጃ ገንፎ

мусли

ከወተት ጋር ተደባልቀዉ የሚበሉ ምግቦች

кукурузне пахуљице

የበቆሎ ቅርፊት

брашно

ዱቄት

кроасан

ኩራሳ

пециво

ድብልብል ዳቦ

хлеб

ዳቦ

тоаст

መጥበስ

кекси

ብስኩት

маслац

ቅቤ

свежи сир

እርጎ

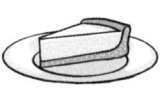

колач

ኬክ

јаје

እንቁላል

јаје на око

እንቁላል ጥብስ

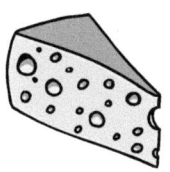

сир

አይብ

сладолед

የበረዶ ክሬም

шећер

ስኳር

мед

ማር

мармелада

ማርማላት

нугат крема

የተናጠ የወተት ክሬም

кари

ማጣፈጫ

сеоско газдинство

እርሻ

сеоска кућа
የገበሬ ቤት
амбар
የእህልና የከብት ማቀመጫ ቤት
бале сена
የጭድ ክምር
поље
ሜዳ
коњ
ፈረስ
приколица
ተሳቢ መኪና
трактор
የእርሻ መኪና
ждребе
የፈረስ ውርንጭላ
магарац
አህያ
овца
በግ
лане
የበግ ጠቦት

коза

ፍየል

крава

ላም

теле

ጥጃ

свиња

አሳማ

прасе

ግልገል አሳማ

бик

ኮርማ

гуска

ዝይ

патка

ዳክዬ

пилићи

የዶሮ ጫጩት

кокош

ዶሮ

петао

አዉራ ዶሮ

пацов

አይጥ

мачка

ድድመት

миш

አይጥ

вол

በሬ

пас

ዉሻ

кућица за пса

የዉሻ ቤት

вртно црево

የአትክልት ቦታ

канта за поливање

ዉሃ ማጠጫ ባልዲ

коса

ረጅም ማጭድ

плуг

ማረሻ

срп

ማጭድ

мотика

መኮትኮቻ

виљушка за ђубриво

የእህል መንሽ

секира

መጥረቢያ

тачке

ኩርኩር/ የእጅ ጋሪ

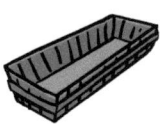

корито

ገንዳ

посуда за млеко

የወተት ዕቃ

врећа

ጆንያ ከረጢት

ограда

አጥር

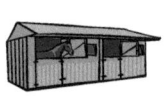

штала

የፈረስ ጋጣ

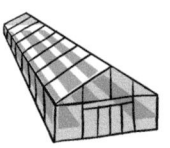

стакленик

ዕፅዋት ማሳደጊያ የመስታዉት ቤት

земља

አፈር

семе

ዘር

ђубриво

የመሬት ማዳበሪያ

комбајн

ጥምር ማረሻ

жети

ዝመራ መሰብሰብ

жетва

ዝመራ

јамс зачин

ንች

пшеница

ንዴ

соја

ሶያ

крумпир

ንች

кукуруз

ቆሎ

уљана репица

የከብት መኖ

воћка

የፍሬ ዛፍ

гомољ маниоке

የ ሳቫ ዛፍ

житарице

እህል

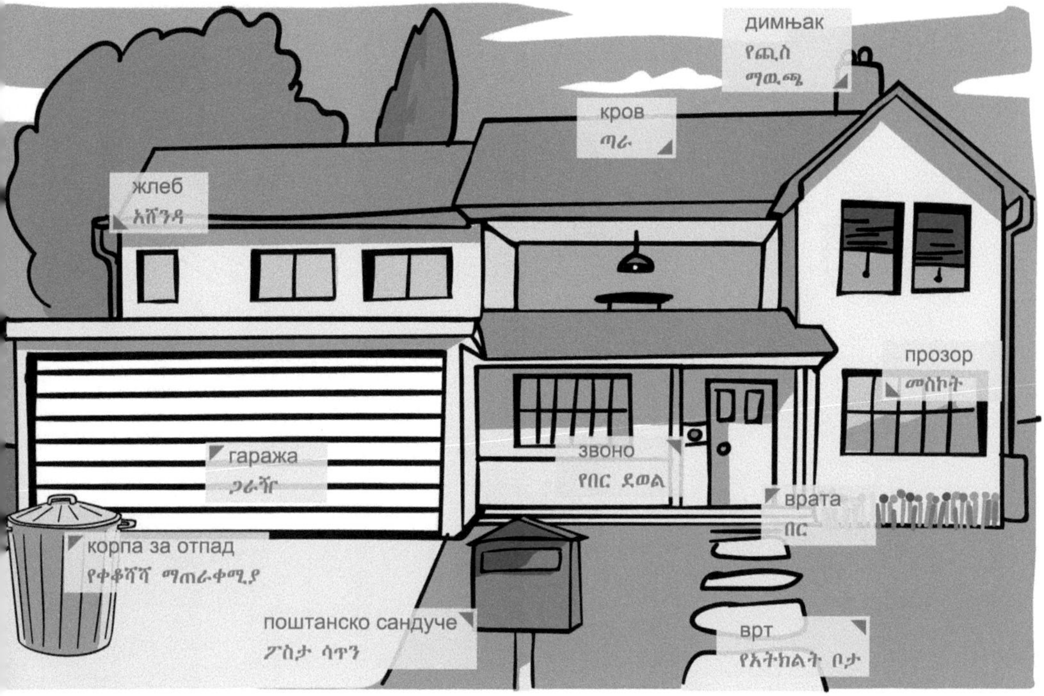

димњак
የጪስ ማውጫ

кров
ጣራ

жлеб
አሽንዳ

прозор
መስኮት

гаража
ጋራዥ

звоно
የበር ደወል

врата
በር

корпа за отпад
የቆሻሻ ማጠራቀሚያ

поштанско сандуче
ፖስታ ሳጥን

врт
የአትክልት ቦታ

дневна соба
ሳሎን

купаоница
መታጠቢያ ቤት

кухиња
ማድቤት

спаваћа соба
መኝታ ቤት

дечија соба
የልጅ ክፍል

трпезарија
መመገቢያ ክፍል

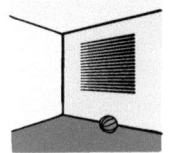

под

ወለል

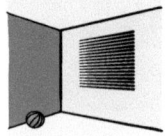

зид

ግድግዳ

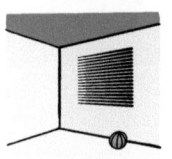

строп

ጣሪያ

подрум

ምድር ቤት

сауна

በእንፋሎት ሙቀት መታጠቢያ
ቤት

балкон

ሰገነት

тераса

ከፍ ያለ መደብ

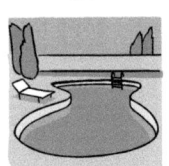

базен

የመዋኛ ገንዳ

косилица за траву

የማጨጃ መኪና

постељина за кревет

አንሶላ

дека за кревет

የአልጋ ልብስ

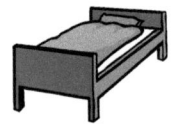

кревет

አልጋ

метла

መጥረጊያ

канта

ባልዲ

прекидач

ማብሪያና ማጥፊያ

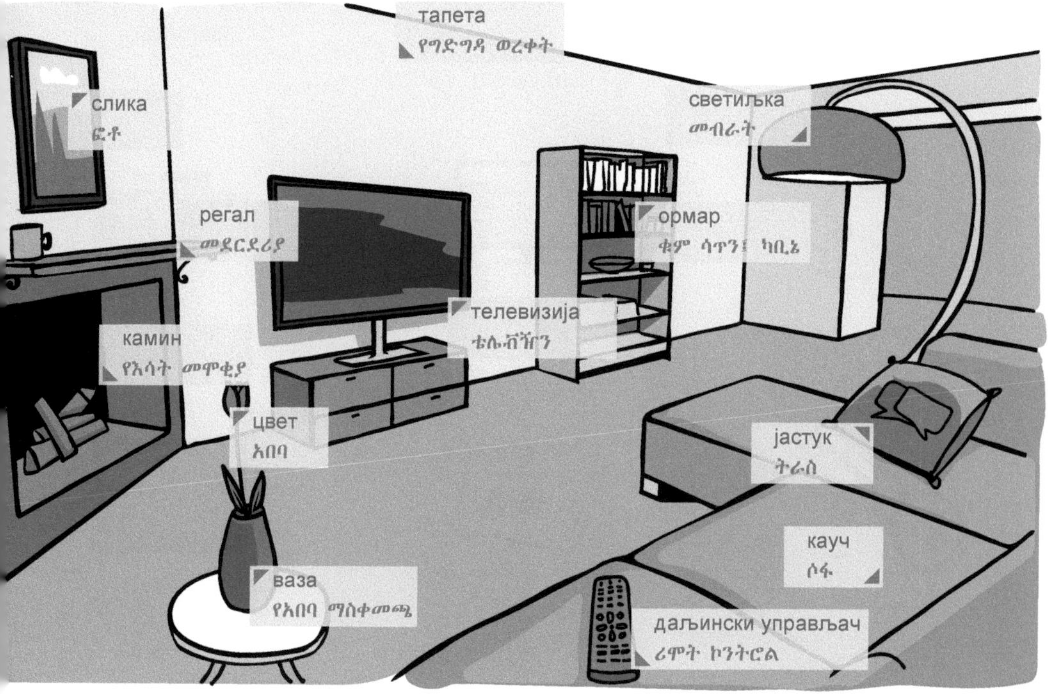

тапета
የግድግዳ ወረቀት

слика
ፎቶ

светиљка
መብራት

регал
መደርደሪያ

ормар
ቁም ሳጥን፣ ካቢኔ

камин
የእሳት መሞቂያ

телевизија
ቴሌቪዥን

цвет
አበባ

jастук
ትራስ

кауч
ሶፋ

ваза
የአበባ ማስቀመጫ

даљински управљач
ሪሞት ኮንትሮል

тепих
ንጣፍ

завеса
መጋረጃ

сто
ጠረጴዛ

столица
ወንበር

столица за њихање
ተወዛዋዥ ወንበር

фотеља
ባለመደገፊያ ወንበር

книга

መጽሐፍ

дека

ብርድ ልብስ

декорација

ጌጥ

дрво за огрев

ማገዶ

филм

ፊልም

хи-фи уређај

የሙዚቃ መማጫወቻ

кључ

ቁልፍ

новине

ዜጣ

слика на платну

ስዕል

постер

የተለጠፈ ማስታወቂያ እንደ ስዕል

радио

ራዲዮ

блок за писање

ማስታወሻ ደብተር

усисивач

የአየር ማፅጃ ለምንጣፍ

кактус

ቁልቋል

свећа

ሻማ

кухиња

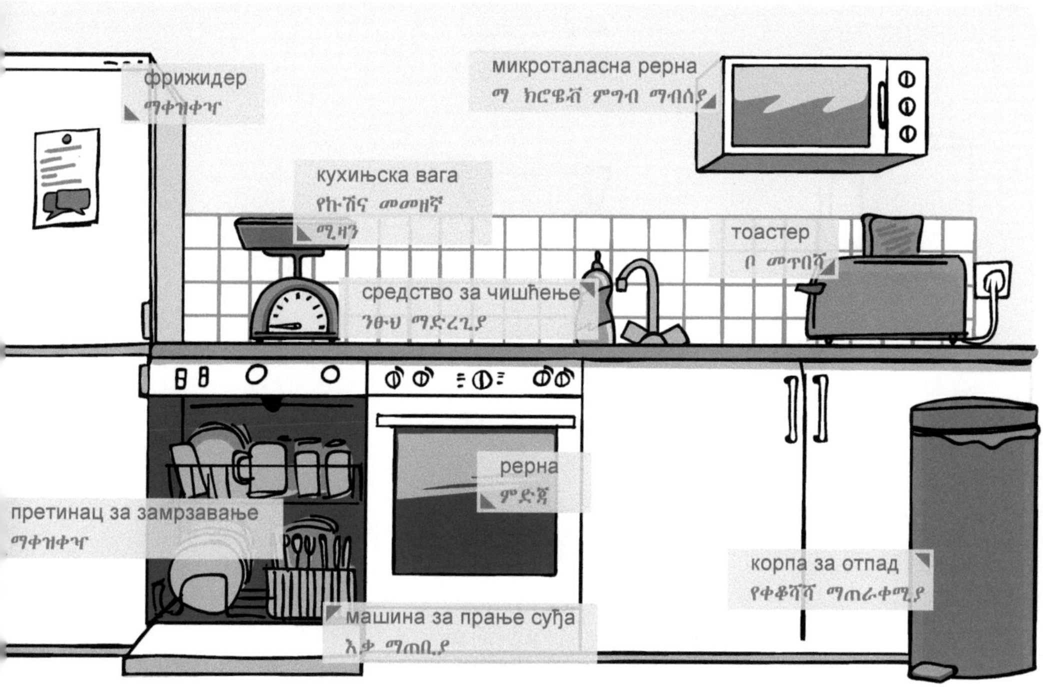

фрижидер
ማቀዝቀዣ
микроталасна рерна
ማ ክሮዌቭ ምግብ ማብሰያ
кухињска вага
የኩሽና መመዘኛ
ሚዛን
средство за чишћење
ንፁህ ማድረጊያ
рерна
ምድጃ
претинац за замрзавање
ማቀዝቀዣ
корпа за отпад
የቆሻሻ ማጠራቀሚያ
машина за прање суђа
እቃ ማጠቢያ

шпорет

ምግብ አብሳ

лонац

ማሰሮ

гвоздени лонац

የብረት ማሰሮ

вок / кадаи

ግብ ማብሰያ ዝርግ ድስት

тава

የምግብ መጥበሻ

кувало за воду

ማንቆርቆሪያ

кувало на пару

የእንፋሎት ማብሰያ

лим за печење

የመጋገሪያ ትሪ

посуђе

ሰብስቦች

чаша

ትልቅ ኩባያ

посуда

ጎድጓዳ ሳህን

штапићи за јело

ቾፕስቲክስ

кутлача

ጭልፋ

лопатица

መስቅሰቂያ ዝርግ ማንኪያ

пењача

ማደባለቂያ

сито за кување

መወጠሪያ

сито

ወንፊት

рибеж

መፈርፈሪያ መሳሪያ

мужар

ሰ ሚንቶ

роштиљ

የፍም ጥብስ

огњиште

የተለቀቀ እሳት

даска

መክተፊያ

оклагија

ተንሸራታች መርፌ

вадичеп

የጠርሙስ መክፈቻ

конзерва

ጣሳ

отварач конзерви

የጣሳ መክፈቻ

крпа за лонац

የማሰሮ መሸፈኛ

судопер

ሳህን ማጠቢያ

четка

ብሩሽ

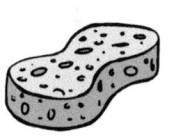

сунђер

ስፖንጅ

миксер

መደባለቂያ መሳሪያ

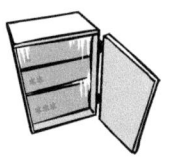

замрзивач

በጣም ማቀዝቀዣ

флашица за бебе

ጡጦ

славина за воду

ቧንቧ

купаоница

መታጠቢያ ቤት

пешкир
ፎጣ
туш
መታጠቢያ
завеса за туш
የመታጠቢያ ቤት መጋረጃ
пенушава купка
የአረፋ መታጠቢያ
када
የመታጠቢያ ገንዳ
чаша
ብርጭቆ
машина за прање веша
የልብስ ማጠቢያ
славина за воду
ቧንቧ
плочице
тута
судопер
ሳህን ማጠቢያ

тоалет

ሽንት ቤት

чучавац

የሽንት ቤት መቀመጫ

бидет

ሳፋ

писоар

የመንገድ ዳር መሽኛ

тоалетни папир

የሽንት ቤት ወረቀት

четка за тоалет

የሽንት ቤት ማፅጃ ብሩሽ

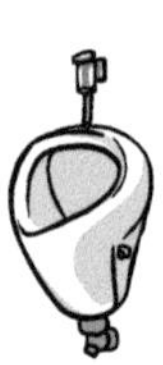

четкица за зубе

የጥርስ ብሩሽ

паста за зубе

የጥርስ ሳሙና

конац за зубе

የጥርስ ማፅጃ ክር

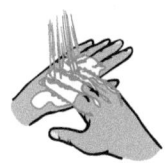

прати

መታጠብ

туш ручица

የእጅ መታጠቢያ

туш за прање интимних делова

መታጠቢያ

лавор

ጎድጓዳ ሳህን

четка за прање леђа

የጀርባ ብሩሽ

сапун

ሳሙና

гел за туширање

ታጠቢያ የሚዝለገለግ ሳሙና

шампон

የፀጉር መታጠቢያ ሳሙና

крпа за прање

ለስላሳ ጨርቅ

одвод

ፍሳሽ

крема

ክሬም

дезодоранс

ጠረን መቀየሪያ ንጥረ ነገር

огледало

....

መስታወት

козметичко огледало

....

የእጅ መስታወት

бријач

....

ምላጭ

пена за бријање

....

የመላጫ አረፋ

лосион за после бријања

....

ከመላጨት በኋላ የሚቀባ ሽቱ

чешаљ

....

ማበጠሪያ

четка

....

ብሩሽ

фен за косу

....

የፀጉር ማድረቂያ

спреј за косу

....

በፀጉር ላይ የሚነፋ

шминка

....

የፊት መቀባቢያ

руж за усне

....

የከንፈር ቀለም

лак за нокте

....

የጥፍር ቀለም

вата

....

የጥጥ ሱፍ

маказе за нокте

....

ጥፍር መቁረጫ

парфем

....

ሽቶ

козметичка торбица

ማጠቢያ ባልዲ

столица

መቀመጫ

вага

ሚዛን

огртач

የመታጠቢያ ልብስ

рукавице за чишћење

የላስቲክ ጓንት

тампон

ሞዴስ

уложак

የፅዳት ፎጣ

хемијски тоалет

የሽንት ቤት ኬሚካል

дечија соба

የልጅ ክፍል

будилник
የማንቂያ ደዉል ሰዐት
плишана играчка
የህፃን አሻንጉሊት
ауто играчка
የመጫወቻ መኪና
звечка
ማንገጫገጫ መጫወቻ
кућица за лутке
የአሻንጉሊት ቤት
поклон
ስጦታ

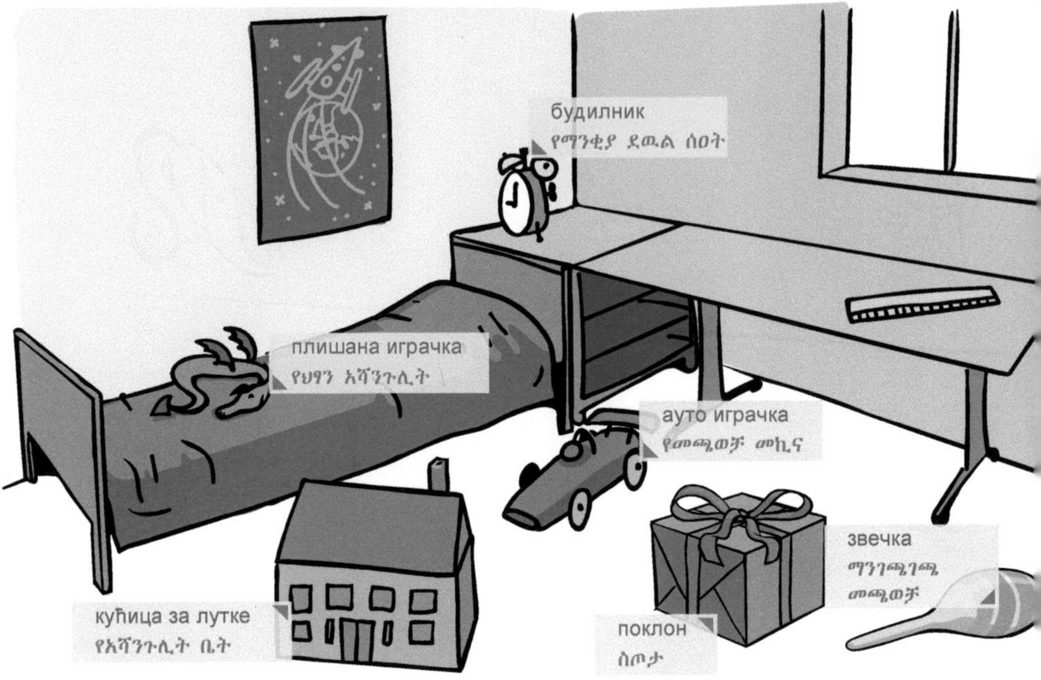

балон

ፊኛ

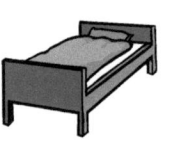

кревет

አልጋ

дјечија колица

የህፃን ማንሸራሸሪያ ጋሪ

игра са картама

የካርታ መጫወቻ

слагалица

ቁርጥራጭ ምስሎችን የማገጣጠም እና ምስል የማግኘት ጨዋታ

стрип

አዝናኝ

лего коцкице

ተገጣጣሚ መጫወቻ

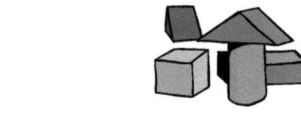

коцкице за слагање

የመጫወቻ መገጣጠሚያዎች

акциони јунак

የድርጊት ምስል

бенкица за бебе

የህፃን እድገት

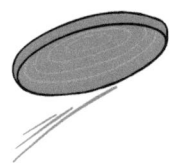

фризби

የፕላስቲክ መጫወቻ ዝርግ ሰሀን

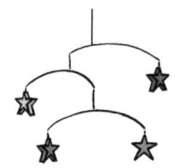

висеће играчке

ተወዛዋዥ የህፃን ማጫወቻ

друштвене игре

የሰሌዳ ጨዋታ

коцка

የመጫወቻ ጠጠር

минијатурна жељезница

የመጫወቻ ባቡር

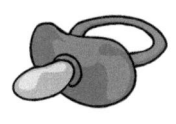

дуда

የእንጀራ እናት ጡጦ

забава

ድግስ

сликовница

የስዕል መፅሀፍ

лопта

ኳስ

лутка

አሻንጉሊት

играти

መጫወት

пешчаник

የአሸዋ መጫወቻ

љуљачка

ዥዋዥዌ

играчка

መጫወቻዎች

конзола за игре

የቪዲዮ መጫወቻ

трицикл

ባለ ሶስት ጎማ ብስክሌት

теди

የአሻንጉሊት ድብ

ормар

ቁምሳጥን

одећа

አልባሳት

кратке чарапе

ካልሲዎች

чарапе

ስቶኪንጎች

хулахопке

ታይት

шал
የአንገት ልብስ

кишобран
ጃንጥላ

мајица
ከናቴራ

каиш
ቀበቶ

чизме
ቡቲ

папуче
የቤት ዉስጥ ነጠላ
ጫማ

патике
ስኒከሮች

сандале
ነጠላ ጫማዎች

ципеле
ጫማዎች

гумене чизме
የዝናብ ቡትስ

гаћице
ሙታንታ

грудњак
ጡት መያዣ

поткошуља
ሰደርያ

боди

ሰዉነት

панталоне

ሱሪዎች

фармерке

ጅንስ

сукња

ጉርድ ቀሚስ

блуза

ሸሚዝ

кошуља

ሸሚዝ

џемпер

የሚጠለቅ ሹራብ

џемпер с капуљачом

ሹራብ

сако

ዩኒፎርም ጃኬት

јакна

ጃኬት

мантил

ኮት

кабаница

የዝናብ ኮት

костим

ልብስ

хаљина

ቀሚስ

венчаница

የሙሽራ ቀሚስ

одело

ሱፍ

спаваћица

የለሊት ልብስ

пиџама

የለሊት ልብስ

сари

ረጅም ቀሚስ

марама за главу

ሂጃብ

турбан

ጥምጣም

бурка

ቡርቃ

кафтан

ሽርጥ

абаја

አባያ

купаћи костим

የዋና ልብስ

купаће гаћице

አጭር ቁምጣ

кратке панталоне

ቁምጣዎች

одећа за тренинг

የስራ ቱታ

кецеља

ሽርጥ

рукавице

ጓንት

дугме

ቁልፍ

наочаре

መነፅር

наруквица

አምባር

огрлица

የአንገት ሀብል

прстен

ቀለበት

наушница

የጆሮ ጌጥ

капа

ኮፍያ

вешалица

የኮት መስቀያ

шешир

ኮፍያ

кравата

ክረቫት

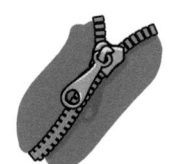

патент затварач

ዚፕ

кацига

የብረት ቆብ

нараменице

መደገፊያ

школска униформа

የትምህርት ቤት የደንብ ልብስ

униформа

የደንብ ልብስ

подбрадак

መሃረብ

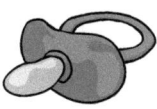

дуда

የእንጀራ እናት ጡጦ

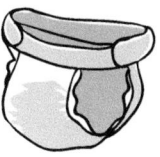

пелена

ሽንት ጨርቅ

канцеларија
ቢሮ

сервер
ማሰራጫ ጣቢያ

ормар за списе
የፋይል መደርደሪያ ካቢኔ

штампач
የህትመት መሳሪያ

монитор
መቆጣጠሪያ

папир
ወረቀት

миш
ማዉዝ

писаћи сто
መፃፊያ ጠረጴዛ

мапа
ማህደር

тастатура
የመፃፊ ቁልፎች

кошара за папир
የቆሻሻ ወረቀት መጣያ ቅርጫት

компјутер
ኮምፒዉተር

столица
ወንበር

шалица за каву

ቡና መጠጫ ትልቅ ኩባያ

калкулатор

ማስሊያ ማሽን

интернет

ኢንተርኔት

лаптоп

ላፕቶፕ

писмо

ደብዳቤ

порука

መልዕክት

мобилни телефон

ተንቀሳቃሽ ስልክ

мрежа

የግንኙነት አዉታር

уређај за копирање

ማባዣ ማሽን

софтвер

ሶፍትዌር

телефон

ስልክ

утичница

የግድግዳ ሶኬት

факс

የፋክስ ማሽን

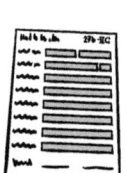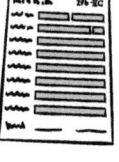

формулар

ቅፅ

документ

ሰነድ

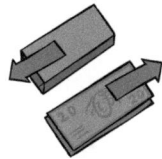

куповати

መግዛት

платити

መክፈል

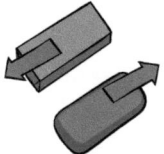

трговати

መነገድ

новац

ገንዘብ

долар

ዶላር

евро

ዩሮ

јен

የን

рубља

ሩብል

швајцарски франак

የስዊዝ ፍ ራንክ

ренминдби јуан

ሬንሚንቢ ዩዋን

рупија

ሩጲ

аутомат за новац

የገንዘብ ነጥብ

мењачница

የ ዉጭ ገንዘብ ምንዛሪ ቢሮ

злато

ወርቅ

сребро

ብር

нафта

ዘይት

енергија

ሀይል፤ ጉልበት

цена

ዋጋ

уговор

ግንኙነት

порез

ቀረጥ

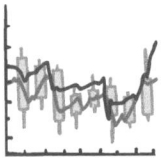

деонице

አክስዮን

радити

መስራት

службеник

ተቀጣሪ

послодавац

ቀጣሪ

фабрика

ፋብሪካ

продавница

ሱቅ

економија - ኢኮኖሚ

занимања

የስራ ሙያዎች

полицајац
የፖሊስ አዛዥ
ватрогасац
የእሳት አደጋ ሰራተኛ
кувар
ምግብ አብሳይ
лекар
ዶክተር
пилот
አብራሪ

вртлар

አትክልተኛ

столар

አናጢ

кројачица

ልብስ ሰፊ ሴት

судија

ዳኛ

хемичар

ቀማሚ

глумац

ተዋናይ

возач аутобуса

የአዉቶቢስ ሹፌር

возач таксија

የታክሲ ሹፌር

рибар

አሳ አጥማጅ

чистачица

ፅዳት ሰራተኛ

кровопокривач

የጣራ ሰራተኛ

конобар

አስተናጋጅ

ловац

አዳኝ

сликар

ሰዓሊ

пекар

ጋጋሪ

електричар

የኤሌትሪክ ሰራተኛ

грађевински радник

ገምቢ

инжењер

መሃንዲስ

месар

ልኳንዳ

лимар

የቧንቧ ሰራተኛ

поштар

የፖስታ ሰራተኛ

војник

....

ወታደር

архитекта

....

መሃንዲስ

благајник

....

የሒሳብ ሰራተኛ

цвећар

....

አበባ ሻጭ

фризер

....

የፀጉር ሰራተኛ

кондуктер

....

ቲኬት ቆራጭ

механичар

....

መካኒክ

капетан

....

ካፒቴን

зубар

....

የጥርስ ሐኪም

научник

....

ተመራማሪ

раби

....

መምህር

имам

....

የሙስሊም ሃይማኖታዊ መሪ

монах

....

መነኩሴ

свештеник

....

ካህን

алати

መሳሪያዎች

клешта
ተቆላፊ ጉጠት
чекић
መዶሻ
одвијач
መፍቻ
џепна лампа
ባትሪ
кључ за завртње
የመሳሪ መፍቻ

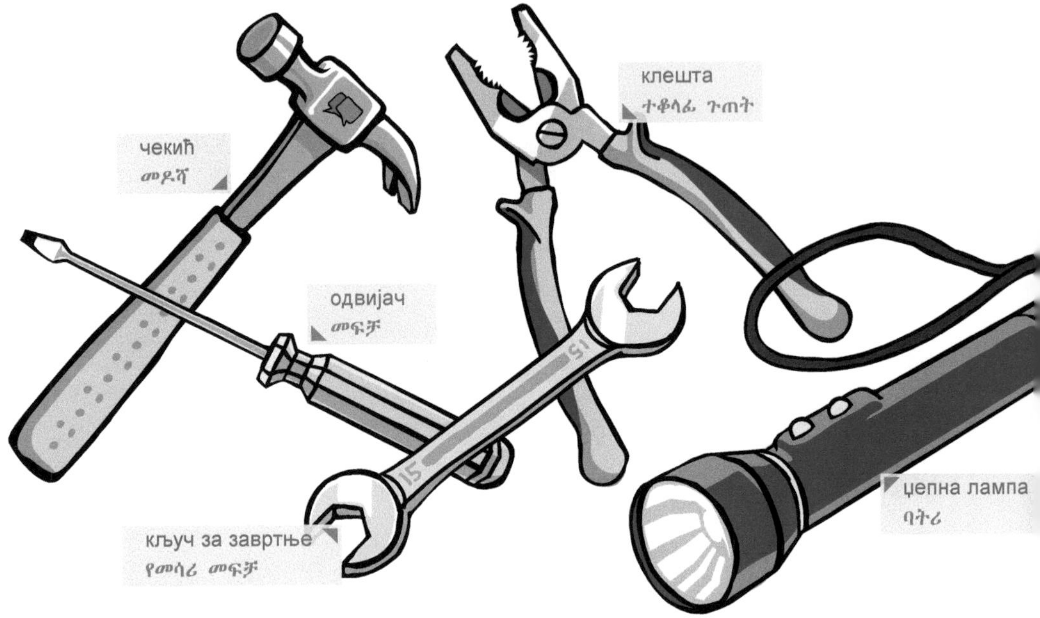

багер

በቁፋሮ የሚዝቅ

кутија за алат

የመፍቻ ሳጥን

мердевине

መሰላል

пила

መጋዝ

ексер

ምስማር

бушилица

መሰርሰሪያ

поправити

መጠገን

лопата

አካፋ

до ђавола!

የተረገመ!

лопатица

ቆሻሻ ማፈሻ

лонац за боју

የቀለም ቆርቆሮ

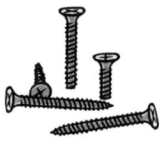

завртањи

ብሎን

музички инструмент

የሙዚቃ መሳሪያዎች

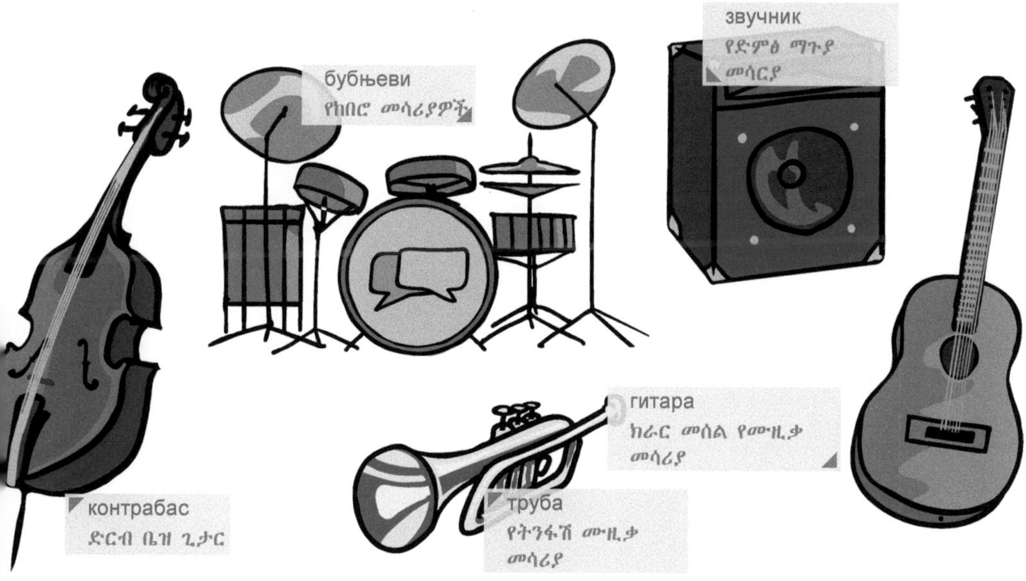

звучник
የድምፅ ማጉያ መሳርያ
бубњеви
የከበሮ መሳሪያዎች
гитара
ክራር መሰል የሙዚቃ መሳሪያ
контрабас
ድርብ ቤዝ ጊታር
труба
የትንፋሽ ሙዚቃ መሳሪያ

клавир

ፒያኖ

виолина

ቫዮሊን

бас

ወፍራም ፤ ጎርናና ድምፅ ያለዉ
ክራር መሰል መ ዚቃ መሳሪያ

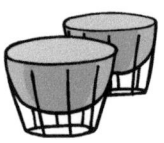

тимпани

ነጋሪት

удараљке за бубњеве

ከበሮ

типке клавира

በኤሌክትሪክ የሚሰራ ፒኖ

саксофон

የትንፋሽ መ ዚቃ መሳሪያ

флаута

ዋሽንት

микрофон

የድምፅ ማጉያ

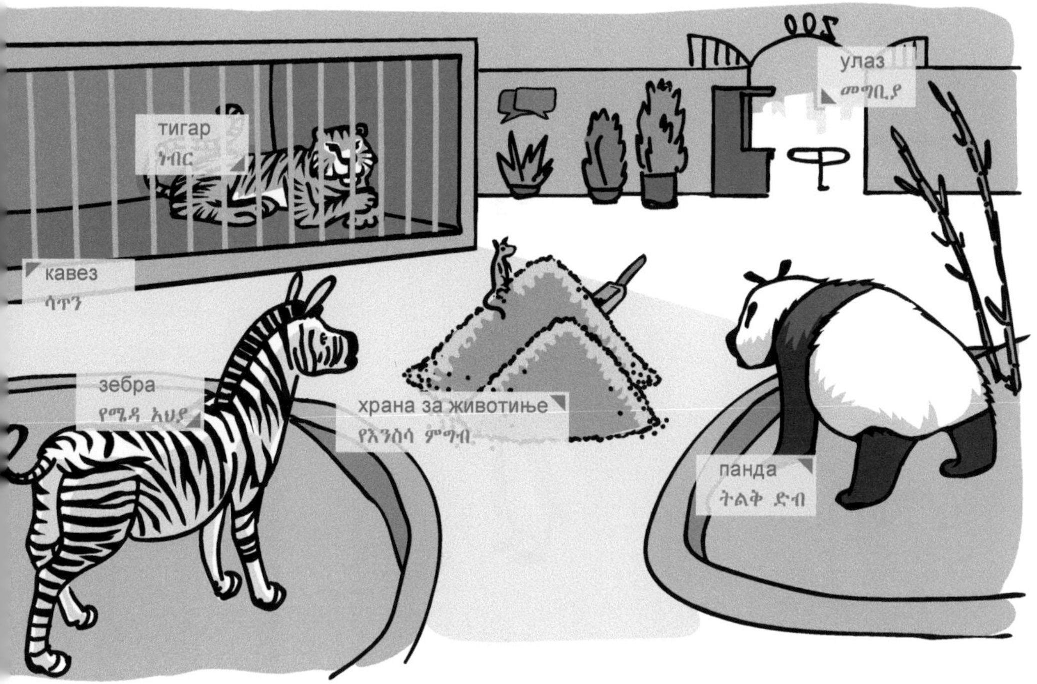

тигар
ነብር

улаз
መግቢያ

кавез
ሳጥን

зебра
የሜዳ አህያ

храна за животиње
የእንስሳ ምግብ

панда
ትልቅ ድብ

животиње

እንስሳቶች

слон

ዝሆን

кенгур

ካንጋሮ

носорог

አውራሪስ

горила

ትልቅ ዝንጀሮ

медвед

ድብ

камила

ግመል

ној

ሰጎን

лав

አንበሳ

мајмун

ጦጣ

фламинго

ቅልጥመ ረዥም ወፍ

папагај

በቀቀን

поларни медвед

የወዋልታ ድብ

пингвин

የዋልታ ወፎች

ајкула

ረጅም ጥርሶች ያሉትአሳ ነባሪ

паун

ጣዎስ

змија

እባብ

крокодил

አዞ

чувар у зоолошком врту

የዱር አራዊት የሚጠበቁበት ማቆያን የሚጠብቅ

туљан

አሳ በሊታ የባህር እንስሳ

јагуар

የዱር ድመት

пони

ድንክ ፈረስ

леопард

ነብር

нилски коњ

ጉማሬ

жирафа

ቀጭኔ

орао

ንስር

дивља свиња

ከርከሮ

риба

አሳ

корњача

የባህር ኤሊ

морж

የባህር አዉሬ

лисица

ቀበሮ

газела

የሜዳ ፍየል፤ሚዳቋ

спорт

የስፖርት አይነቶች

амерички ногомет
የአሜሪካ እግርኳስ
бициклизам
የብስክሌት ስፖርት
тенис
ቴኒስ
кошарка
የቅርጫት ኳስ
пливање
ዋና
бокс
የቡጢ ስፖርት
хокеј на леду
የበረዶ ላይ የገና ጨዋታ

фудбал

እግር ኳስ

бадминтон

የላበ ኳስ ጨዋታ

атлетика

አትሌቲክስ

рукомет

የእጅ ኳስ ስፖርት

скијање

የበረዶ መንሸራተት ስፖርት

поло

ፈረስ ግልቢያ

активности

እንቅስቃሴዎች

скочити
መዝለል
загрлити
ማቀፍ
смејати се
መሳቅ
ићи
መራመድ
певати
መዘመር
сањати
ህልም ማለም
молити се
መፀለይ
пољубити
መሳም

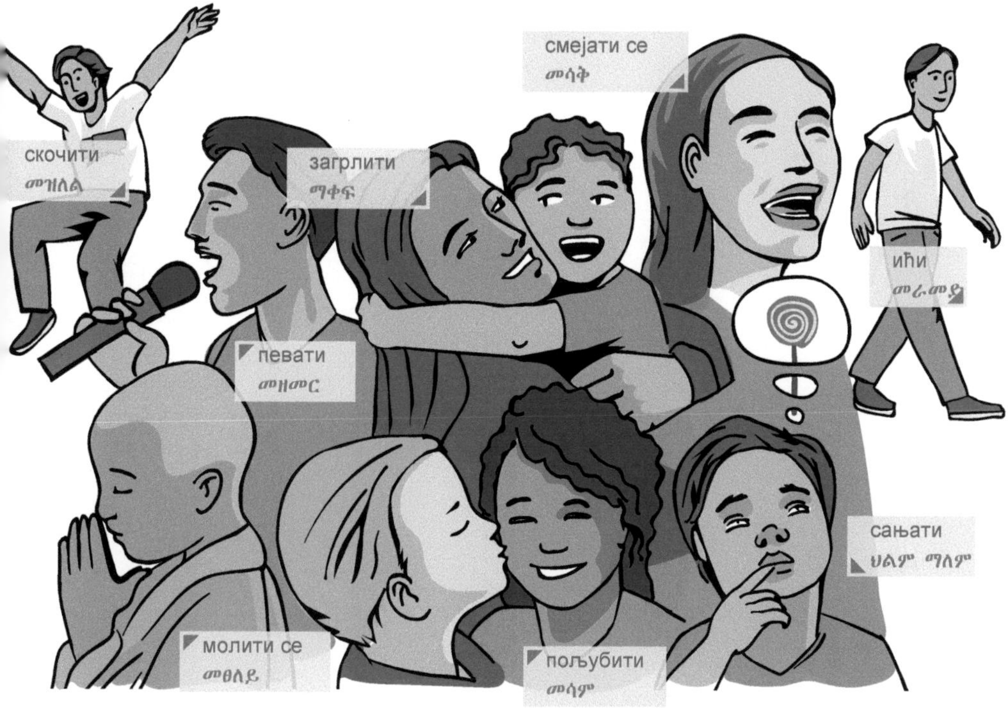

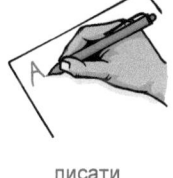

писати

መፃፍ

цртати

መሳል

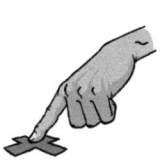

показати

ማሳየት

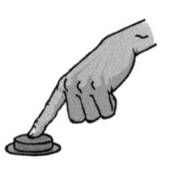

гурати

መግፋት

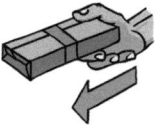

дати

መስጠት

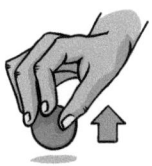

узети

መዉሰድ

имати

መያዝ

чинити

ማድረግ

бити

መሆን

стојати

መቆም

трчати

መሮጥ

повлачити

መሳብ

бацити

መወርወር

падати

መዉደቅ

лежати

መዋሸት

чекати

መጠበቅ

носити

መሸከም

седити

መቀመጥ

облачити

መልበስ

спавати

መተኛት

пробудити се

መንቃት

гледати

መመልከት

плакати

ማለልቀስ

миловати

መጫር

чешљати

ማበጠር

говорити

ማዉራት

разумети

መረዳት

питати

ጥያቄ

слушати

ማዳመጥ

пити

መጠጣት

јести

መብላት

поспремити

ማንፃት

волети

ማፍቀር

кухати

ምግብ ማብሰል

возити

መንዳት

летети

መብረር

пловити

መርከብ መንዳት

рачунати

ቁጥሮችን ማስላት

читати

ማንበብ

учити

መማር

радити

መስራት

венчати се

ማግባት

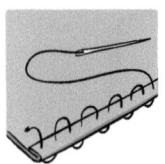

шити

መስፋት

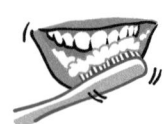

прати зубе

ጥርስ መቦረሽ

убити

መግደል

пушити

ማጨስ

послати

መላክ

бака
የሴት አያት

деда
የወንድ አያት

отац
አባት

мајка
እናት

беба
ህፃን

кћерка
ሴት ልጅ

син
ወንድ ልጅ

гост

እንግዳ

тетка

አክስት

ујак, стриц

አጎት

брат

ወንድም

сестра

እህት

тело

አካል

чело
ግንባር
око
አይን
раме
ትከሻ
прст
ጣት
лице
ፊት
брада
አገጭ
рука
እጅ
груди
ጡት
нога
እግር
рука
ክንድ

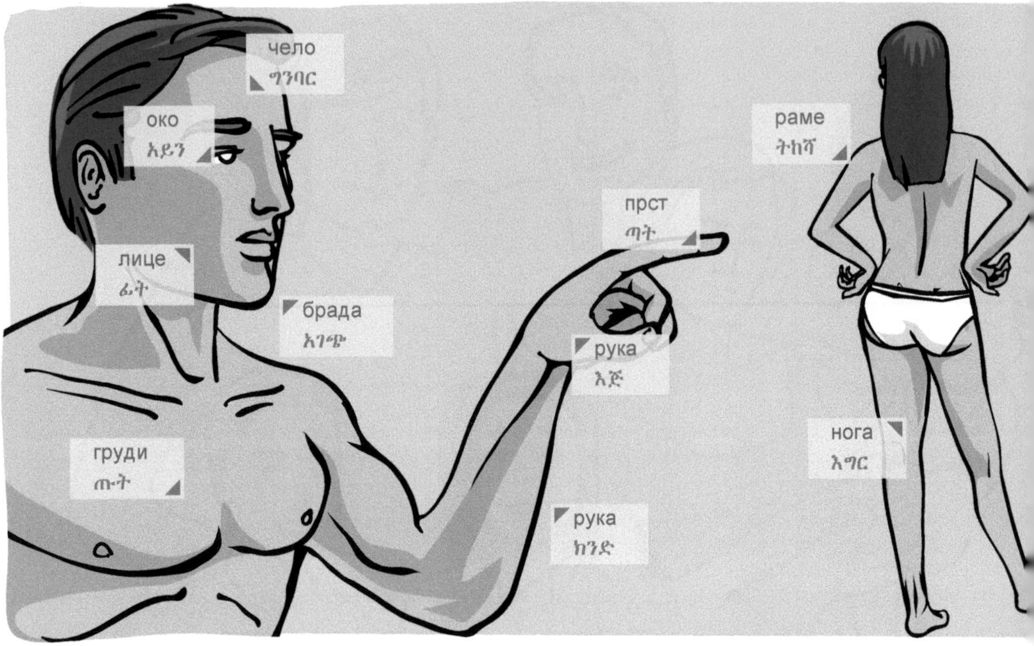

беба

ህፃን

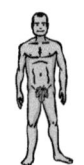

мушкарац

ሰዉ

жена

ሴት

девојчица

ልጃገረድ

дечак

ወንድ ልጅ

глава

ራስ

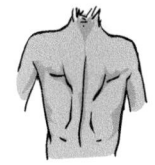

леђа

ጀርባ

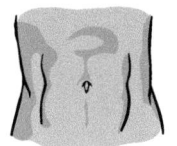

стомак

ሆድ

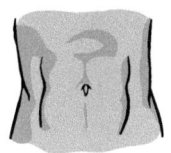

пупак

እምብርት

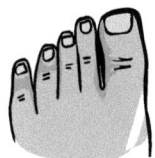

ножни прст

የእግር ጣት

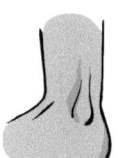

пета

ተረከዝ

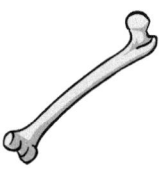

кост

አጥንት

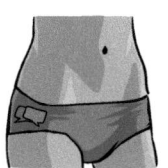

кукови

ዳሌ

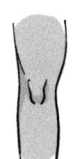

колено

ጉልበት

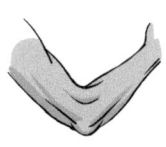

лакат

ክርን

нос

አፍንጫ

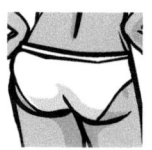

задњица

ቂጥ

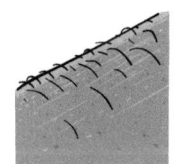

кожа

ቆዳ

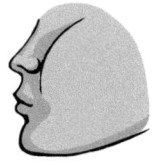

образ

ጉንጭ

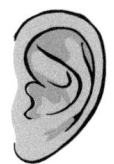

уво

ጆሮ

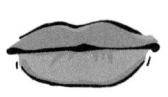

усна

ከንፈር

уста

አፍ

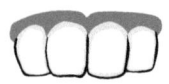

зуб

ጥርስ

језик

ምላስ

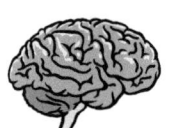

мозак

አንጎል

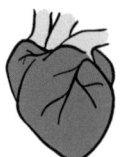

срце

ልብ

мишић

ጡንቻ

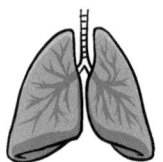

плућа

ሳምባ

јетра

ጉበት

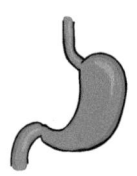

желудац

ሆድ

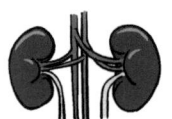

бубрези

ኩላሊቶች

полни однос

የግብረስጋ ግንኙነት

кондом

ኮንዶም

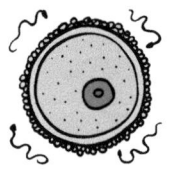

јајна ћелија

የሴት እንቁላል

сперма

የዘር ፈሳሽ

трудноћа

እርግዝና

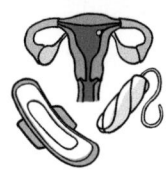

менструација

የወር አበባ

вагина

እምስ

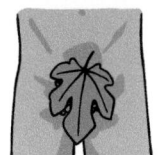

пенис

ቁላ

обрва

ቅንድብ

коса

ፀጉር

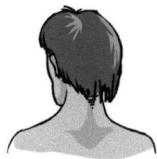

врат

አንገት

болница
ሆስፒታል

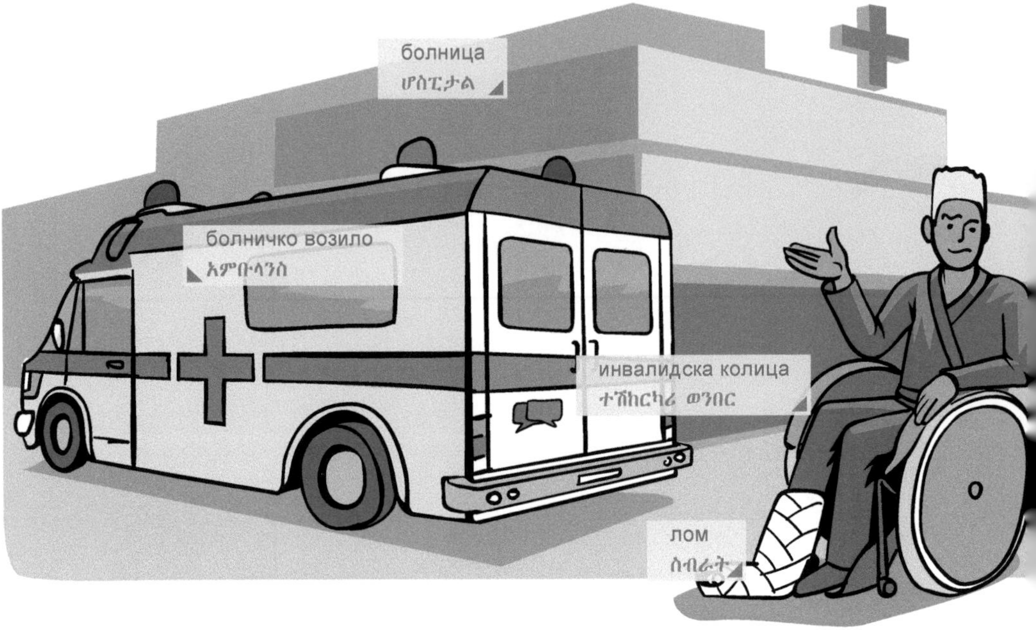

болница
ሆስፒታል

болничко возило
አምቡላንስ

инвалидска колица
ተሽከርካሪ ወንበር

лом
ስብራት

лекар

ዶክተር

хитна медицинска служба

ድንገተኛ ክፍል

медицинска сестра

ነርስ

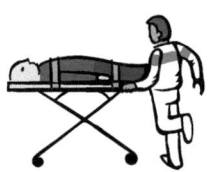

хитни случај

ድንገተኛ

несвест

ራስን ሳት/ አለማወቅ

бол

ህ ም

повреда

ጉዳት

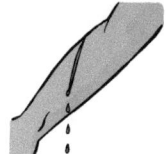

крварење

መድማት

срчани удар

የልብ ድካም

удар

ስትሮክ

алергија

አለርጂ

кашаљ

ሳል

грозница

ትኩሳት

грипа

ኢንፍሎዌንዛ

пролив

ተቅማጥ

главобоља

የራስ ምታት

рак

ካንሰር

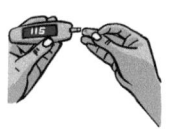

дијабетес

የስኳር በሽታ

хирург

ቀዶ ጠጋኝ ሐኪም

скалпел

የቀዶ ጥገና ስለት

операција

ቀዶ ጥገና

цт

ሲቲ

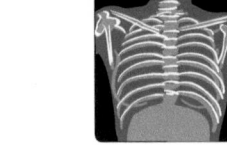

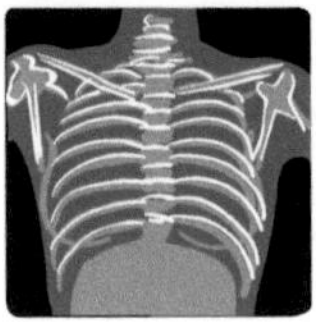

рентген

ኤክስሬዮ

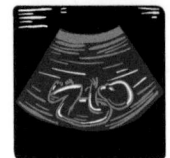

ултразвук

አልትራሳዉንድ

маска

የፊት ጭምብል

болест

በሽታ

чекаона

መጠበቂያ ክፍል

штака

ምርኩዝ

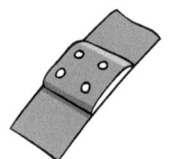

фластер

የቁስል ማሸጊያ

завој

ፋሻ

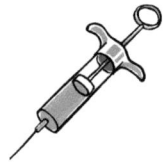

ињекција

መርፌ

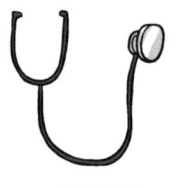

стетоскоп

የልብ ምት ማዳመጫ መሳሪያ

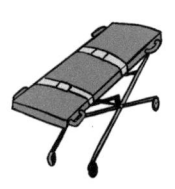

носила

የበሽተኛ አልጋ

термометар

የህክምና ሙቀት መለኪያ መሳሪያ

рођење

መውለድ

прекомерна тежина

ክልክ ያለፈ ክብደት

слушни апарат

ለመስማት የሚረዳ መሳሪያ

средство за дезинфекцију

ፀረ ተባይ መድሀኒት

инфекција

ማመርቀዝ

вирус

ቫይረስ

хив / аидс

ኤች አይቪ ኤድስ

медицина

ህክምና

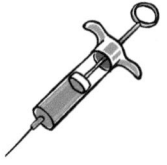

вакцинација

ክትባት

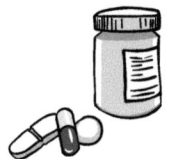

таблете

ኪኒን

пилула

ኪኒን

хитни позив

አስቸኳይ የስልክ ጥሪ

уређај за мерење притиска

ደም ግፊት መቆጣጠሪያ

болесно / здраво

ህመም/ ጤንነት

хитни случај

ድንገተኛ

помоћ!

እርዳታ!

аларм

ማንቂያ ደዉል

насртај

ጥቃት

напад

ድብደባ

опасност

አደጋ

излаз у случају нужде

የድንገተኛ መዉጫ

пожар!

እሳት!

противпожарни апарат

እሳት ማጥፊያ

незгоца

አደጋ

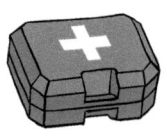

кутија прве помоћи

የመጀመሪያ እርዳታ መድሃኒት መያዣ

сос

ነፍስ አድን

полиција

ፖሊስ

Европа

አዉሮፓ

Северна Америка

ሰሜን አሜሪካ

Јужна Америка

ደቡብ አሜሪካ

Африка

አፍሪካ

Азија

እስያ

Аустралија

አዉስትራሊያ

Атлантик

አትላንቲክ

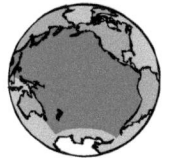

Пацифик

ፓስፊክ

Индијски океан

የህንድ ዉቅያኖስ

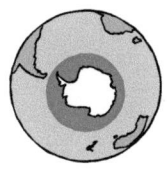

Антарктички океан

አንታርክቲክ ዉቅያኖስ

Арктички океан

አርክቲክ ዉቅያኖስ

Северни рол

ሰሜን ዋልታ

Јужни рол

ደቡብ ዋልታ

Антарктик

አንታርክቲካ

земља

ምድር

земља

መሬት

море

ባህር

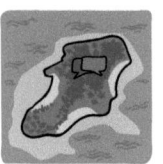

оток

ደሴት

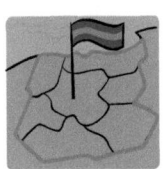

нација

አገርና ህዝብ

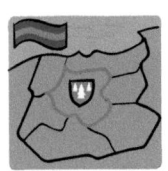

држава

መንግስት

78   земља - ምድር

сат

ሰዓት

бројчаник сата

የሰዓት ገፅታ

сатна казаљка

ሰዓት

минутна казаљка

ደቂቃ

секундна казаљка

ሴኮንድ

Колико је сати?

ስንት ሰዓት ነው?

дан

ቀን

време

ጊዜ

сада

አሁን

дигитални сат

የቁጥር ሰዐት

минута

ደቂቃ

час

ሰዓታት

седмица
ሳምንት

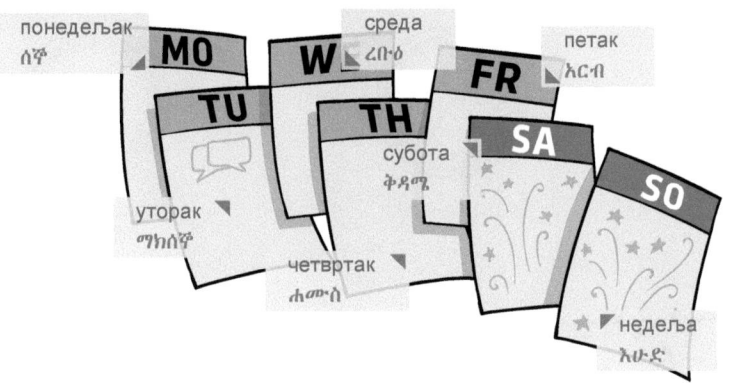

понедељак
ሰኞ

уторак
ማክሰኞ

среда
ረቡዕ

четвртак
ሐሙስ

петак
ዓርብ

субота
ቅዳሜ

недеља
እሁድ

jуче

ትላንት

данас

ዛሬ

сутра

ነገ

jутро

ማለዳ

подне

ቀትር

вече

ምሽት

радни дани

የስራ ቀናት

викенд

የዕረፍት ቀናት

киша
ዝናብ

дуга
ቀስተ ደመና

снег
ጥጥ የሚመስል አመዳይ
በረዶ

в...
ንፋስ

пролеħе
ፀደይ

jесен
መኸር

лето
በጋ

зима
ክረምት

4.APRIL	11°	☀
5.APRIL	4°	☁
6.APRIL	13°	☁
7.APRIL	8°	☀
8.APRIL	10°	☀

теоролошка прогноза

የአየር ሁኔታ ትንበያ

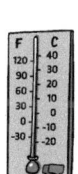

термометар

የሙቀት መለኪያ

сунчана светлост

የፀሀይ ሙቀት

облак

ደመና

магла

ጭጋግ

влажност ваздуха

እርጥበታማነት

муња

መብረቅ

грмљавина

ነጎድጓድ

олуја

አዉሎ ንፋስ

туча

የበረዶ ዝናብ

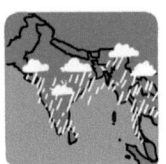

монсун

አዉሎ ንፋስ

поплава

ጎርፍ

лед

በረዶ

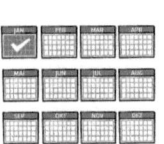

јануар

ጥር

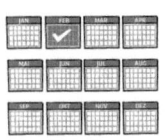

фебруар

የካቲት

март

መጋቢት

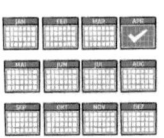

април

ሚያዚያ

мај

ግንቦት

јуни

ሰኔ

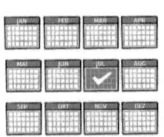

јули

ሐምሌ

август

ነሀሴ

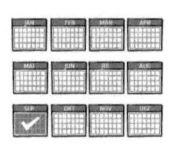

септембар

መስከረም

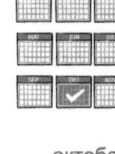

октобар

ጥቅምት

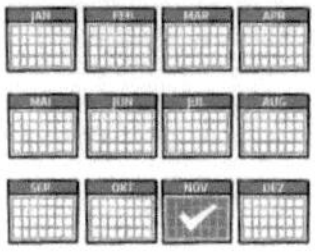

новембар

ህዳር

децембар

ታህሳስ

облици

ቅርፆች

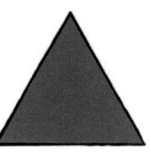

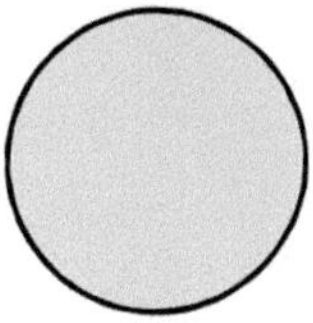

круг

ክብ

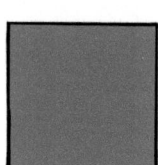

квадрат

አራት ማዕዘን

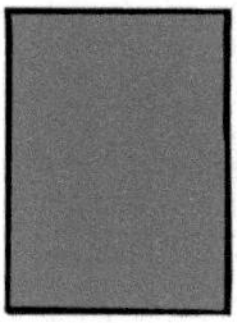

правоугао

አራት ቀጥተኛ ማዕዘኖች ጎኖች ያሉት ቅርፅ

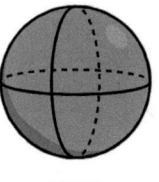

троугао

ሶስት ማዕዘን

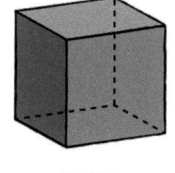

кугла

ሉል

коцка

ስድስት ጎን ያለዉ ቅርፅ

боје

ቀለማት

бела

ነጭ

жута

ቢጫ

наранџаста

ብርቱካናማ

ружичаста

ሮዝ

црвена

ቀይ

љубичаста

ወይን ጠጅ

плава

ሰማያዊ

зелена

አረንጓዴ

смеђа

ቡኒ

сива

ግራጫ

црна

ጥቁር

много / мало

ብዙ/ ጥቂት

љутито / мирно

ንዴት/ እርጋታ

лепо / ружно

ቆንጆ/ አስቀያሚ

почетак / крај

ጅማሬ/ ፍፃሜ

велико / малено

ትልቅ/ ትንሽ

светло / тамно

ደማቅ/ ደብዛዛ

брат / сестра

ወንድም/ እህት

чисто / прљаво

ንፁህ/ ቆሻሻ

потпуно / непотпуно

የተሟላ/ ያልተሟላ

дан / ноћ

ቀን/ ምሽት

мртво / живо

የሞተ/ ህያዉ

широко / уско

ሰፊ/ ጠባብ

јестиво / нејестиво

የሚበላ/ የማይበላ

зло / добро

ክፉ/ ደግ

узбуђено / досадно

ደስተኛ/ ድብርተኛ

дебело / мршаво

ወፍራም/ ቀጭን

на почетку / на крају

መጀመርያ/ መጨረሻ

пријатељ / непријатељ

ጓደኛ/ ጠላት

пуно / празно

ሙሉ/ ጎዶሎ

тврдо / мекано

ጠንካራ/ ለስላሳ

тешко / лагано

ከባድ/ ቀላል

глад / жеђ

ረሃብ/ ጥማት

болесно / здраво

ህመም/ ጤንነት

илегално / легално

ህገወጥ/ ህጋዊ

паметно / глупо

ጎበዝ/ ደደብ

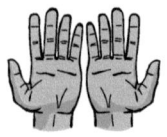

лево / десно

ግራ/ ቀኝ

близу / далеко

ቅርብ/ ሩቅ

ново / половно

አዲስ/ አሮጌ

ништа / нешто

ምንም/ የሆነ ነገር

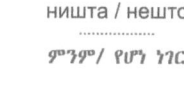

старо / младо

ሽማግሌ/ ወጣት

кључено / искључено

የበራ/ የጠፋ

отворено / затворено

ክፍት/ ዝግ

тихо / гласно

ፀጥታ/ ጫጫታ

богато / сиромашно

ሃብታም/ ደሃ

тачно / погрешно

ትክክለኛ/ የተሳሳተ

храпаво / глатко

ሻካራ/ ለስላሳ

тужно / сретно

ሐዘን/ ደስታ

кратко / дуго

አጭር/ ረዥም

полако / брзо

ዝግተኛ/ ፈጣን

мокро / сухо

እርጥብ/ ደረቅ

топло / хладно

ሞቃት/ ቀዝቃዛ

рат / мир

ጦርነት/ ሰላም

бројеви

ቁጥሮች

0

нула

ዜሮ

1

један

አንድ

2

два

ሁለት

3

три

ሶስት

4

четири

አራት

5

пет

አምስት

6

шест

ስድስት

7

седам

ሰባት

8

осам

ስምንት

9

девет

ዘጠኝ

10

десет

አስር

11

једанаест

አስራ አንድ

12

дванаест

አስራ ሁለት

13

тринаест

አስራ ሶስት

14

четрнаест

አስራ አራት

15

петнаест

አስራ አምስት

16

шестнаест

አስራ ስድስት

17

седамнаест

አስራ ሰባት

18

осамнаест

አስራ ስስምንት

19

деветнаест

አስራ ዘጠኝ

20

двадесет

ሃያ

100

стотину

መቶ

1.000

хиљаду

ሺህ

1.000.000

милион

ሚሊዮን

језици

ቋንቋዎች

енглески

እንግሊዝኛ

амерички енглески

የአሜሪካ እንግሊዝኛ

мандарински кинески

የቻይና ማንዳሪን

хиндски

ሂንዱ

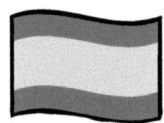

шпански

ስፓኒሽ

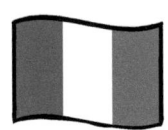

француски

ፍሬንች

арапски

አረብኛ

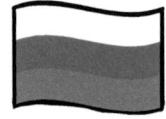

руски

ራሺያኛ

португалски

ፖርቱጊዝ

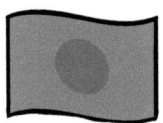

бенгалски

ቤንጋሊ

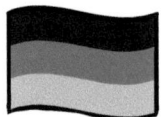

немачки

ጀርመን

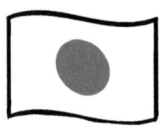

јапански

ጃፓንኛ

ко / шта / како

ማን/ ምን/ እንዴት

ја

እኔ

ти

አንተ

он / она / оно

እሱ/ እርሷ/ እቃዉ

ми

እኛ

ви

አንተ

они

እነርሱ

Ко?

ማን?

Шта?

ምን?

Како?

እንዴት?

Где?

የት?

Када?

መቼ?

име

ስም

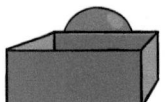

иза

በስተጀርባ

у

ዉስጥ

испред

ከፊት ለፊት

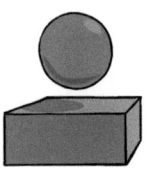

преко

ከላይ

на

ላይ

испод

ከስር

поред

አጠገብ

између

መሃከል

место

ቦታ